SingLiesel

Eins, zwei, drei, vier, Eckstein …

Die schönsten Lausbuben-Geschichten aus früheren Tagen

von Günter Neidinger

Autor:
Günter Neidinger

Illustrationen:
Nikolai Renger

Experten-Beirat:
Dr. phil. Marion Bär, Diplom-Gerontologin
Dr. med. Franziska Gaese, Fachärztin für Psychiatrie und Psychotherapie
Irmgard Hauser, Pflegedienstleiterin
Christine Indlekofer, Gerontopsychiatrische Fachkraft
Dr. med. Miriam Tönnis, Fachärztin für Neurologie
Barbara Weinzierl, Diplom-Musiktherapeutin
Dr. Dieter Czeschlik, verlegerischer und wissenschaftlicher Berater

Verlegerische Gesamtleitung:
Christian Jungermann

Herausgeber:
SingLiesel Verlag

Printed in China

ISBN 978-3-944360-51-5

www.singliesel.de

3 mal 7 auf einen Streich

„Sieben auf einen Streich!“ So stand es auf dem Gürtel des tapferen Schneiderleins in Grimms Märchen.

Aber was sind schon sieben gegen drei mal sieben, also einundzwanzig? So viele Kinder wohnten nämlich in dem Sechsfamilienhaus, in dem ich mit meinen fünf Geschwistern aufwuchs. Da war immer etwas los, wenn wir aus dem Haus stürmten!

„Was spielen wir heute?“, war meistens die erste Frage.

„Räuber und Gendarm“, schlugen einige vor.

„Ach, nicht schon wieder!“, protestierte der Junge aus der Wohnung über uns.

Er hieß Klaus und war nicht der Schnellste. Fast immer wurde er als Erster gefangen und musste dann Gendarm spielen. Er hatte Mühe, einen der vielen schnellfüßigen Räuber zu fassen.

„Der Kaiser schickt seine Soldaten hinaus“, war der nächste Vorschlag.

„Da gewinnen immer nur die Starken!“, maulte Karin, die jüngere Schwester von Klaus.

„Wer ist für Verstecken?“, fragte ein anderes Mädchen.

Sie wohnte im dritten Stock und war immer lustig drauf. Auch jetzt lachte sie wieder alle an. Die Sache war entschieden.

Verstecken war ein beliebtes Spiel. Möglichkeiten gab es rund ums Haus genug. Einer musste natürlich suchen, also wurde erst abgezählt.

„Eins, zwei, drei, vier, fünf, sechs, sieben,
eine Bauersfrau kocht Rüben,
eine Bauersfrau kocht Speck,
und du bist weg!“,
hieß es da und einer nach dem anderen schied aus. Manchmal folgte auch noch der Zusatz:

„Weg bist du noch lange nicht,
sag mir erst, wie alt du bist!“

Dann wurde das Alter abgezählt, bis es einen traf. Dieses Mal war es Karin.

Sie lehnte sich an den Gartenpfosten, hielt die Hände vors Gesicht und begann zu zählen.

„Aber nicht spicken!“, rief ich, bevor ich losrannte.

Ich wusste, dass Karin gern schummelte.

Und während wir ein passendes Versteck suchten, hörten wir sie eifrig ihren Spruch aufsagen:

„Eins, zwei, drei, vier, Eckstein,
alles muss versteckt sein.
Hinter mir und vorder mir gilt es nicht,
und an beiden Seiten nicht!
Eins, zwei, drei, vier, fünf, sechs, sieben, acht, neun, zehn   ich komme!“

Dann lief sie los und suchte. Und jedes Mal, wenn sie jemanden entdeckt hatte, ging das Wettrennen los, wer zuerst am Anschlag war.

Es war ein köstlicher Spaß und wir hätten das ewig spielen können. Doch plötzlich wurde im Nachbarhaus ein Fenster aufgerissen. Eine laute Stimme ertönte.

„Macht, dass ihr aus meinem Garten rauskommt!“, keifte sie.

Das konnte nur die Haashex sein. Eigentlich hieß sie Albertine Haas, aber wir nannten sie immer die Haashex, denn keiner konnte sie richtig leiden, besonders wir Kinder nicht. Immer lauerte sie hinter dem Vorhang ihres Küchenfensters. Ihr entging nichts.

„Wir spielen doch nur Verstecken“, versuchten wir sie zu besänftigen.

„Schafft lieber was, ihr Nichtsnutze!“, schalt sie und schlug das Fenster zu.

Wir spielten trotzdem weiter. Um ihren Garten machten wir aber vorsichtshalber einen großen Bogen.

„Sicher ist sicher!“, sagte ich und zählte eine neue Runde an.

„Eins, zwei, drei, vier, Eckstein …“

Die liebe Nachbarschaft

Nebenan wohnte ein städtischer Beamter. Tag für Tag ging er fleißig seiner Arbeit nach. Am Wochenende war der Garten sein Element. Er bepflanzte alle Beete sehr akkurat. Stundenlang war er mit dem Ausrichten der Stecklinge beschäftigt. Immer wieder ging er ein paar Schritte zurück und kniff ein Auge zu. Dann streckte er einen Arm nach vorne und kontrollierte so die Pflanzenreihen. Das ging so lange, bis er mit seinem Werk zufrieden war. Und das konnte lange dauern.

„Der hat ja einen Tick!", flüsterte Inge. Sie wohnte im gleichen Haus wie wir. Immer, wenn wir den Nachbarn in seinem Garten beobachteten, mussten wir kichern.

Der belächelte Beamte war ein gutmütiger Mensch. Aber wenn sich jemand über seine penible Gartenarbeit lustig machte, konnte er fuchsteufelswild werden. Sein Gesicht lief dabei ganz rot an. Dann mussten wir schleunigst das Weite suchen.

Auch beim Nachbarn gegenüber beobachteten wir

eine seltsame Eigenart. Als studierter Ingenieur hatte er beim Umstechen seines Gartens eine eigene Technik entwickelt. Mit seinem Spaten warf er die umzugrabende Erde hoch in die Luft. Doch oft landete sie dann nicht dort, wo er sie haben wollte. Also scharrte er sie mühsam wieder ins vorgesehene Loch zurück.

„Guckt mal, wie der Garten aussieht!", lachte ich.

„Als ob eine Wildsau darin gewühlt hätte!“, stellte Hans fest.

Er wohnte im gleichen Haus wie ich und war beim Thema Garten für uns ein Sachverständiger. Schließlich ging er seit ein paar Wochen bei einem Gärtner in die Lehre.

Zum Glück hatte der Nachbar dieses vernichtende Urteil nicht mitbekommen. Wer weiß, was uns sonst geblüht hätte!

Wenn die Erntezeit kam, wuchsen in seinem Garten genauso schöne Kohlköpfe und Zwiebeln wie in den umliegenden Gärten. Das brachte mich doch etwas ins Grübeln.

„Vielleicht hat die Technik des Ingenieurs doch etwas für sich?“, fragte ich mich.

Und ich nahm mir vor, seine Arbeit in Zukunft etwas ehrfurchtsvoller zu betrachten.

Lustig wurde es für uns Kinder, wenn der Herbst kam und die ersten Blätter fielen. Im Garten der Frau Haas stand mitten auf einem sorgsam gepflegten Rasenstück ein Kirschbaum. Im Sommer trug er herrlich schmeckende, dunkelrote Herzkirschen. Leider waren sie für uns meistens unerreichbar. Frau Haas konnte uns Kinder gar nicht leiden, und wir nannten sie immer „Haashex“. Mit Argusaugen wachte sie hinter dem Vorhang ihres Küchenfensters über die leckeren Früchte.

Waren wir auch nur in der Nähe, streckte sie schon ihren Kopf heraus.

„Macht, dass ihr wegkommt!“, rief sie.

Dabei hatten wir uns doch nur ein bisschen sattsehen wollen.

Ab und zu gelang es uns aber doch, sie zu überlisten. Wenn wir sahen, dass sie in die Stadt zum Einkaufen ging, schlichen wir unbemerkt hinaus. Wir machten eine Räuberleiter, kletterten den Zaun hoch und schnappten flugs für jeden ein paar süße Früchte.

„Waren die Spatzen mal wieder am Werk!", schalt die Frau, wenn sie ein paar Kirschen weniger zählte.

Sobald aber der Herbstwind die ersten Blätter zu Boden segeln ließ, schickte die Haashex alle paar Minuten ihren Mann in den Garten. Er war ein pensionierter Prokurist und war sonst nie im Garten zu sehen. Jetzt aber musste er nach jedem Windstoß den Rasen vom Laub befreien.

„So ein unnützes Geschäft!", murrte er dauernd vor sich hin.

Aber es half nichts. Seine Angetraute war da unerbittlich, und wir Kinder hatten wieder was zum Kichern.

Bienenstich und Selleriesalat

In unserem Garten stand ein Baum mit Schattenmorellen. Wenn er im Frühjahr blühte, war da ein Summen und Brummen im Geäst. In unmittelbarer Nähe befand sich nämlich das Bienenhaus unseres Nachbarn.

Die Ernte der saftigen Früchte war gar nicht so einfach. Der größte Teil der Baumkrone hing über einem Bach. Nicht alle Äste waren deshalb mit der Leiter zu erreichen. So waren beim Pflücken einige akrobatische Kletterkünste nötig. Da ich als Kind klein und schmächtig war, fiel diese Arbeit immer mir zu.

In luftiger Höhe begannen meine Knie manchmal zu zittern. Singen oder Pfeifen vertreibt die Angst, fiel mir dann ein. Also begann ich zu singen.

„Nur ein feiger Tropf verzagt! Nur ein feiger Tropf verzagt“, ertönte es im Geäst.

Diese Arie hatte ich einmal im Radio gehört. Der Diener Pedrillo hatte sie in Mozarts Oper „Die Entführung aus dem Serail“ gesungen.

Und mutig kletterte ich weiter. Zur Belohnung bekam ich einen Bienenstich. Nein, kein Stück Kuchen mit diesem Namen! Ich fiel dem Angriff eines dieser kleinen Insekten zum Opfer! Schon eine ganze Weile war eine Biene um meinen Kopf geschwirrt. Jetzt stach sie zu. Ausgerechnet ins linke Ohr! Der Stich tat sehr weh. Die Ohrmuschel wuchs zusehends. Ich sauste die Leiter hinunter und rannte hilfesuchend ins Haus.

„Wie siehst du denn aus?“, lachte Robert, einer meiner Brüder. „Dein linkes Ohr ist ja riesig! Fast wie bei einem nordafrikanischen Wüstenfuchs.“

„Na, zeig mal her!“, sagte Mama nur.

Bei der großen Kinderschar war sie solche Sachen gewöhnt. In aller Ruhe zog sie mit einer Pinzette den Stachel heraus. Dann drückte sie ein Tuch mit kaltem Wasser auf die schmerzende Stelle.

„Damit kein Wüstenfuchs aus dir wird", schmunzelte sie und strich mir über den Kopf.

Als Trostpflaster gab es noch ein Stück Kuchen. Keinen Bienenstich, aber ein riesiges Stück Kirschkuchen mit Sahne. Da war meine Welt wieder in Ordnung.

Der Nachbar mit den Bienen hatte keine Kinder. Deshalb waren wir immer gefragt, wenn er Hilfe brauchte. Wir trugen Holz ins Haus oder fingen seine Bienen ein. Es kam öfter vor, dass sich ein Schwarm mit einer Königin davonmachte. Manchmal wurden wir dafür mit einem Glas Honig belohnt, was uns Leckermäulern immer willkommen war. Und einmal im Jahr lud uns die Frau des Imkers zum Vesper ein.

Dabei tischte sie Sachen auf, die es bei uns daheim nicht oft gab: Wurst und Käse in allen Variationen! Und wir durften essen, so viel wir wollten. Das ließen wir uns nicht zweimal sagen. Man kann sich kaum vorstellen, was so ein kleiner Kindermagen alles vertragen kann. Nur bei einer Schüssel hielten wir uns zurück. Sie enthielt Selleriesalat, und den mochte keiner von uns Kindern besonders gerne.

Zu Hause galt bei uns die Devise: Was auf den Tisch kommt, wird gegessen. Wir mussten von allem wenigstens probieren. Ich hatte es mir angewöhnt, den Teil des Essens, den ich nicht so mochte, sofort zu vertilgen. Den Rest konnte ich dann mit umso größerem Appetit genießen.

Also aß ich den Selleriesalat mit Todesverachtung zuerst. Die gute Frau hatte eine ganze Menge davon auf meinen Teller geladen. Erleichtert wollte ich mich jetzt über die leckere Wurst hermachen. Doch die Nachbarin kannte meine Gewohnheit nicht. Sie meinte wohl, der Salat hätte mir besonders gemundet. Was für ein Irrtum! Schnell schöpfte sie mir eine noch größere Portion auf den Teller.

„Iss nur tüchtig!“, meinte sie. „Es ist genug da.“

Doch mit meinem Appetit war es nicht mehr so weit her!

Minka auf Vogelfang

Die sechs Familien in unserem Mietshaus hatten zwar viele Kinder, aber insgesamt nur zwei Tiere. Und die gehörten uns: die Katze Minka und das Kaninchen Moritz. Auch in der Nachbarschaft gab es wenig Haustiere. Im Haus gegenüber bellte ab und zu ein Dackel, und ein Kater stromerte hier und da durch die Gegend. Er gehörte einer älteren Frau.

Und dann war da noch der Wellensittich von Frau Haas, die wir alle nicht leiden konnten. Wie ihren Augapfel hütete sie ihren kleinen Liebling, der ihr die fehlenden Kinder ersetzen musste. Sorgsam achtete sie darauf, dass alle Fenster geschlossen waren, wenn ihr Vogel ein paar Flugversuche in der Wohnung unternahm.

„Ja, wo ist denn mein süßer Hansi?“, konnte sie dann flöten.

Gesehen hatte ihn noch keiner von uns, denn Kinder ließ sie nicht in ihre

Wohnung. Unser Wissen bezogen wir von der Putzfrau, die einmal in der Woche zu ihr kam.

„Stell dir vor, die gibt ihm sogar Küsschen!“, hatte diese berichtet.

Wir Kinder beschäftigten uns also mehr mit Minka und Moritz.

Minka war bei uns Kindern nicht mehr wegzudenken. Was wir auch unternahmen, die Katze war stets dabei. Malten wir ein Hüpfspiel auf die Straße, hechtete sie nach dem Spielstein. Der musste in einem der sieben Felder landen, bevor wir loshüpften.

Manchmal spielten wir „Wer fürchtet sich vorm schwarzen Mann?“. Da war die Antwort: „Niemand!“

Das war unsere Chance. Mein Bruder Edgar kletterte auf den Baum und lenkte die Katze ab. In einem günstigen Augenblick griff er zu und beförderte sie auf den Boden zurück. Der Vogel blieb wie gelähmt sitzen und ließ sich leicht einfangen.

Das vergaß uns Frau Haas nie. Von nun an war sie uns nicht mehr so feindlich gesinnt. Sogar ein paar Kirschen gab es bei der nächsten Ernte als Belohnung.

Aufregung um Moritz

Moritz, unser dunkelgraues Kaninchen, hieß ursprünglich einmal Flöckchen. Es war noch ganz klein, als wir es geschenkt bekamen. Wir hatten bei einem Bauern so lange gebettelt, bis er es uns schließlich überließ.

Auf der Stirn hatte das Kaninchen einen weißen Fleck. Es sah aus, als ob eine Schneeflocke darauf gelandet wäre. Darum nannten wir es Flöckchen.

„Es muss wohl ein Weibchen sein“, sagte Mama, die es begutachtete.

Eigentlich war sie nicht so erfreut über den Zuwachs, den wir ihr ins Haus schleppten. Aber das Tier sah so putzig aus!

„Futterholen ist euer Geschäft, dass das gleich klar ist!“, bestimmte sie.

„Ja, Mama!“, riefen wir, ohne genau zu wissen, was auf uns zukam.

Flöckchen gedieh prächtig. Wir waren sechs Geschwister und konnten uns beim Füttern abwechseln. Jeden Tag schwärmten immer zwei von uns aus auf die Wiesen in der Umgebung. Und so bekam das Kaninchen genug frisches Gras, Löwenzahn, Klee und Wiesenkräuter zu fressen. Der Bauer hatte uns noch Karotten mitgegeben und für den Winter Heu versprochen.

Mama zeigte uns, wie man den Kaninchenstall ausmistet. In der Wohnung durften wir außer der Katze keine Tiere halten. Also hatten wir beim Bauern einen Stall besorgt.

„Ihr seid mir so Plagegeister!“, lachte er.

Der Stall kam in den Garten. Wir stellten ihn an einer windgeschützten Stelle am Haus auf. Anfangs standen wir jeden Tag davor. Immer wieder öffneten wir das Türchen und holten Flöckchen heraus. Das weiche Fell zu streicheln machte riesigen Spaß.

Auch die anderen Kinder vom Haus und aus der Nachbarschaft kamen und wollten Flöckchen streicheln.

Da kam uns ein blendender Einfall, wie wir meinten.

„Wer das Kaninchen streicheln will, muss auch Futter holen", verkündeten wir.

Einige ließen sich darauf ein. Von da an musste immer nur eines von uns Geschwistern mit. Das war zu schaffen.

Mit der Zeit entwickelte sich Flöckchen zu einem stattlichen Exemplar. Es wurde ihm langsam eng in dem kleinen Stall.

„Wir bauen ein Gehege, damit es Auslauf hat", beschlossen wir.

Also machten wir uns wieder auf, den Bauern zu besuchen.

„Da habe ich mir was eingebrockt!", sagte er und schüttelte den Kopf.

Trotzdem versorgte er uns mit Latten, Nägeln und Draht für einen Zaun.

„Einen Hammer habt ihr hoffentlich", meinte er.

Den hatten wir tatsächlich! Und so konnte sich Flöckchen bald in einem stattlichen Gehege tummeln. Mama hatte dafür wohl oder übel ein Stück Garten abgetreten.

Das Kaninchen schien sich wohlzufühlen. Es hoppelte umher, mampfte Gras oder streckte sich wohlig in der Sonne aus.

Doch eines Abends war Flöckchen verschwunden. Es hatte sich unter dem Zaun durchgegraben.

War das eine Aufregung! Alles schwärmte aus, um den Ausreißer zu suchen. Vergebens! Das Kaninchen war nicht zu finden. Mit feuchten Augen verkrochen wir uns. Hunger hatte keiner mehr an dem Abend!

Plötzlich klingelte es an der Wohnungstür. Mama öffnete. Draußen stand der Nachbar von gegenüber, der studierte Ingenieur. In einem Karton hatte er ein schwarzes „Ungetüm".

„Der soll Ihnen gehören, hat man mir gesagt", brummte er. Der?

Wir stürmten an die Tür und nahmen Flöckchen in Empfang. Der Nachbar erzählte, wie Flöckchen vor seinem Hasenstall gesessen und seine zwei Häsinnen verrückt gemacht hatte.

Mama hegte einen bestimmten Verdacht und schaute sich Flöckchen genauer an.

„Kein Wunder!", sagte sie. „Das ist ja ein ausgewachsener Rammler."

„Dann braucht er einen neuen Namen", beschlossen wir.

Und so wurde aus Flöckchen Moritz!

Das Geld auf der Straße

„Das Geld liegt nicht auf der Straße“, sagte unsere Mutter immer wieder einmal.

Sie wollte uns damit klarmachen, dass man für Geld hart arbeiten muss. Und das mussten unsere Eltern, damit sie ihre sechs Sprösslinge großziehen konnten.

Aber ab und zu kam es doch vor, dass eines von uns Kindern eine Münze auf der Straße fand. Da wir mit Taschengeld nicht gerade gesegnet waren, wanderte das unverhofft ergatterte Geldstück in den nächsten Kaugummiautomaten oder in die spärlich bestückte Sparbüchse.

„Kleingeld darf man behalten“, hatte Mama erklärt.

Doch einmal kam ich ins Grübeln. Da lag doch ein Geldschein auf der Straße, direkt vor unserem Haus! Ich hob ihn auf.

„Mensch! Zwanzig Mark!“, frohlockte ich.

Doch dann kamen mir Bedenken. Das war kein Kleingeld. Zwanzig Mark waren eine Menge Geld!

„Den vermisst bestimmt schon jemand“, stellte Mama fest, als ich ihr den Fund zeigte.

„Wir geben ihn im Rathaus ab!“, fügte sie hinzu.

Doch dazu kam es nicht. Kurze Zeit später beobachtete sie eine ältere Frau, die drei Häuser weiter wohnte. Sie lief die Straße rauf und runter und suchte den Boden ab.

„Die sucht bestimmt ihren Geldschein“, meinte Mama und schickte mich hinaus.

Schnurstracks lief ich hin und streckte der Frau die zwanzig Mark entgegen.

„Die habe ich gefunden“, sagte ich.

„Gib her! Die gehören mir!“, bellte sie und eilte mit dem Schein davon.

Ganz verdutzt stand ich da. Kein freundliches Wort, kein Dankeschön, nichts! Ich war enttäuscht. Insgeheim hatte ich auf einen kleinen Finderlohn gehofft.

„Mach dir nichts draus“, tröstete mich meine Mutter.

Aber sauer war ich trotzdem. Zu gut verstand ich jetzt die Bedeutung des Sprichworts „Undank ist der Welten Lohn“!

„So eine undankbare Person!“, schimpfte auch Walter, als ich ihm die Geschichte erzählte.

Er wohnte ein Stockwerk höher. Auch seine Schwester Birgit saß mit auf der Gartenmauer, von wo aus wir die Leute beobachteten, die auf der Straße vorbeigingen.

„Wir könnten ihr einen Streich spielen“, schlug Birgit vor.

„Am besten den mit dem Geldbeutel, der würde passen“, grinste Walter.

Diesen Streich hatten wir zwar schon oft gespielt. Aber er funktionierte immer. Wenn Geld auf der Straße liegt, bückt sich jeder danach!

„Abgemacht! Los, an die Arbeit!“, rief ich.

Wir holten den alten Geldbeutel, den wir für solche Anlässe im Keller deponiert hatten. Er war mit Scheinen prall gefüllt. Keine richtigen Geldscheine und auch keine falschen, sondern einfaches Papier. Aber das wusste ja niemand außer uns.

Das Objekt des Begehrens war mit einem langen Faden versehen, der von Weitem kaum zu sehen war. So ausgerüstet, konnte der Streich beginnen.

Wir hatten beobachtet, dass die Frau jeden Tag pünktlich um halb drei ihr Haus in Richtung Stadt verließ.

Birgit wartete, bis unser Opfer die Haustür zuschloss. Dann deponierte sie den Geldbeutel auf der Straße. Flugs hechtete sie zu uns hinter die Johannisbeersträucher. Das Spektakel konnte beginnen!

Es kam, was kommen musste. Kaum hatte die Frau den Geldbeutel entdeckt, beschleunigte sie auch schon ihre Schritte. Es sollte ihr keiner zuvorkommen. Jetzt war sie auf unserer Höhe. Sie blickte sich um, niemand war zu sehen. Rasch bückte sie sich und wollte nach dem Fund greifen. Aber dieser wanderte bereits lautlos davon, kletterte die Böschung hinauf und verschwand in den Sträuchern.

Jetzt dämmerte es ihr, dass sie einem Streich zum Opfer gefallen war.

„Ihr Nichtsnutze, ihr elenden!“, schalt sie und trottete davon.

Als Echo war nur ein Kichern in den Johannisbeerhecken zu hören.

Die Neuen aus Sachsen

Schräg gegenüber hatte ein kinderloses Ehepaar ein Zweifamilienhaus gebaut und das obere Stockwerk bezogen. Heute sollte nun die zweite Familie eintreffen, die die Wohnung im Erdgeschoss gemietet hatte.

Natürlich waren wir Kinder mächtig gespannt, was uns da erwartete. Einiges an Nachrichten war schon durchgesickert.

„Beim Finanzamt soll er arbeiten“, hieß es.

„Kinder haben sie auch“, wurde gemunkelt.

„Stell dir vor, die sollen aus Sachsen kommen!“, hatte eine Nachbarin unserer Mutter anvertraut.

„Aus Sachsen, wo die schönen Mädchen wachsen“, lachte unser Vater, als er davon hörte.

Da waren wir Buben natürlich noch neugierigcr.

„Bei uns gibt es auch schöne Mädchen!“, protestierte Inge aus dem dritten Stock.

„Die gibt es überall!“, pflichtete ihr meine Schwester Marianne bei.

Als der große Umzugswagen der Spedition vorfuhr, standen wir Kinder wie an einer Schnur aufgereiht vor unserem Sechsfamilienhaus. Zum Glück waren Ferien. Da konnte uns nichts entgehen!

Die Erwachsenen zeigten ihre Neugier nicht so offen. Doch die Vorhänge an den Fenstern zur Straße wackelten oft verdächtig.

Hinter dem Lastwagen hielt ein roter DKW mit weißem Dach an. Ein Mann, eine Frau und zwei Mädchen stiegen aus. Das mussten die Neuen sein!

„Das mit den schönen Mädchen scheint zu stimmen", stellte mein Bruder Robert fest.

„Die Brünette sieht ganz gut aus“, gab Inge zu.

„Mir gefällt die Blonde besser“, sagte ich.

Die beiden Mädchen hatten natürlich bemerkt, dass sie die ganzen Blicke auf sich zogen. Wie Models auf dem Laufsteg stolzierten sie in Richtung neue Wohnung. Und gebannt wanderten unsere Augen hinterher.

Bevor sie im Haus verschwanden, geschah das Unfassbare. Plötzlich drehten sich die Mädchen zu uns um und streckten die Zunge heraus.

„Blöde Ziegen!“, entfuhr es Edith, Inges Schwester.

Doch die Neuen, sie hießen Gabi und Gina, entpuppten sich bald als tolle Spielkameradinnen. Schon am nächsten Tag kamen sie mit einem Federballspiel an. Sie klingelten und fragten, ob wir Lust auf ein Spiel hätten. Natürlich hatten wir! Im Nu herrschte ein munteres Treiben auf der Straße. Und am Abend saßen wir alle zusammen auf der Gartenmauer.

„Morgen zeigen wir euch die Gegend“, schlug ich vor.

„Am besten vom Aussichtsturm aus!“, rief Robert.

Der Vorschlag wurde einstimmig angenommen und am nächsten Morgen in die Tat umgesetzt.

Der Turm stand mitten in den Weinbergen. Eine Wendeltreppe führte die zehn Meter hohe Stahlkonstruktion hinauf. Von der Plattform oben hatte man einen herrlichen Blick über die ganze Gegend.

„Und jetzt wandern wir noch zu unserer Burg“, sagte Marianne.

„Was, ihr habt eine Burg?“, fragte Gabi.

„So nennen wir sie halt“, erklärte ich.

Eigentlich war unsere Burg ein Kriegerdenkmal. Aber die im Viereck erbauten Mauern sahen wie eine kleine Burg aus. Mittendrin stand eine mächtige Eiche. Ein toller Spielplatz für kleine Ritter und Burgfräuleins!

Und ringsherum gab es Felder mit Rebstöcken, an denen einladend die Trauben hingen.

„Kann man die schon essen?“, wollte Gina wissen.

„Du kannst ja mal probieren“, meinte Inge.

Ahnungslos zupfte Gina ein paar Beeren ab. Genüsslich wollte sie eine in den Mund schieben. Eine laute Stimme ließ uns zusammenfahren.

„Was fällt euch ein?“, erschallte es.

Wir hörten den Weinbauern vom anderen Ende des Feldes schimpfen und wir sahen ihn wild mit den Armen fuchteln. Da suchten wir alle das Weite!

„Die Trauben waren sowieso noch nicht reif gewesen“, sagte Gina.

Rudi, der schwarze Teufel

Die beiden Töchter des Ingenieurs aus dem Haus gegenüber bekamen wir selten zu sehen. Meistens nur, wenn sie ins elterliche Auto ein- oder ausstiegen. Wir wussten, dass sie Lilly und Amy hießen und auf eine Privatschule gingen. Auf die Straße hinaus und mit uns spielen durften die beiden nicht.

„Diese Lausbuben und Gören sind kein Umgang für euch", hatte ihr Vater gesagt.

Natürlich war uns das über Umwege zu Ohren gekommen.

„Wir haben unser Auskommen, sind ordentliche Menschen, arbeiten fleißig, ihr geht zur Schule. Was kümmert uns das Geschwätz des Ingenieurs!", sagte unser Vater.

Damit war die Sache für ihn erledigt.

Doch unsere Mama wurmte es gehörig. Ihre Kinder waren immer sauber angezogen. Und die beiden Großen gingen sogar aufs Gymnasium! Das würde sie dem Ingenieur, diesem Affen, schon noch klarmachen.

Ich kannte Mama. Sie war herzensgut. Aber wenn es um ihre Familie ging, konnte sie ziemlich resolut werden.

Eines Tages bemerkte sie, dass auf dem Balkongeländer der Ingenieurswohnung ein schwarzer Vogel saß.

„Was tut die Krähe da oben?“, wunderte sie sich.

Doch bald stellte sich heraus, dass die vermeintliche Krähe ein Kolkrabe war. Die Ingenieursgattin hatte ihn von ihrer vor Kurzem verstorbenen Mutter geerbt. Jetzt saß er den ganzen Tag auf dem Balkon. Eine dünne Kette am Fuß hinderte ihn am Davonfliegen. Interessiert beäugte er alles, was sich in der Umgebung bewegte.

Für uns war Rudi, so hieß der Rabe, eine willkommene Abwechslung. Gelehrig wie der Vogel war, konnte er bald sämtliche Geräusche nachmachen, die ihm zu Ohren kamen. Mit Vorliebe bellte er mit dem Dackel um die Wette, wenn beide auf dem Balkon waren.

Anfangs war das recht amüsant. Mit der Zeit ging das Gekläffe den meisten Nachbarn aber gehörig auf die Nerven. Hinzu kam, dass der intelligente Vogel es immer wieder fertigbrachte, sich der Fußfessel zu entledigen. Dann sauste er im Sturzflug vom Balkon und stürzte sich auf alles, was sich bewegte. Manchmal mussten wir uns flach auf den Boden werfen, um seinen Schnabelhieben zu entgehen.

Mamas anfängliche Sympathie hatte er sich bald verscherzt. Einmal hatte sie im Garten Wäsche aufgehängt, als Rudi angesegelt kam. Mit seinem kräftigen

Schnabel riss er die Wäscheklammern weg. Der Wind tat ein Übriges und bald war das Chaos perfekt.

Unserer Mutter blieb schier die Luft weg, als sie die Bescherung sah. Dann aber sauste sie ins Nachbarhaus und ließ ihrem aufgestauten Ärger freien Lauf. Die Ingenieursgattin war unerwartet freundlich und versprach, dass man sich etwas einfallen lassen würde.

Die Kette wurde verstärkt und für ein paar Tage war Ruhe. Doch Rudis Befreiungsversuche hatten bald wieder Erfolg. Der nächste Akt des Theaters konnte beginnen.

„Minka, schnapp ihn dir einfach!“, hörte ich Mama murmeln, als unsere Katze Minka vorbeistrich. Doch Minka schien keine Lust auf Streit mit dem Raben zu haben, sie brachte sich meistens in Sicherheit, wenn sie nur Rudis Schatten sah.

Eines Tages war Rudi plötzlich verschwunden.

„Ist er jetzt im Zoo?“, fragten wir unsere Mutter. Sie aber lächelte nur. Und ab diesem Zeitpunkt begrüßten sie und die Ingenieursgattin sich immer sehr freundlich, wenn sie sich begegneten ...

Das vertauschte Moped

In meiner Jugendzeit gab es noch nicht so viele Fahrzeuge mit Motor. Die meisten Familien hatten kein Auto. Wir auch nicht. Niemand in unserem Sechsfamilienhaus hatte eines. In der Nachbarschaft waren nur drei dieser modernen Fortbewegungsmittel zu finden.

Eines davon besaß der Ingenieur gegenüber. Es war ein grauer VW Käfer. Dieses Modell war damals öfter zu sehen. Seltener war das Gefährt, das ein anderer Nachbar besaß, ein Zündapp Janus. Dieses Auto hatte zwei Türen, eine an der Front- und eine an der Heckseite. Man stieg also nach vorne oder nach hinten aus. Auch die Sitze waren ungewöhnlich angebracht. Die Personen saßen Rücken an Rücken.

„Ganz praktisch, wenn man Streit hat!“, stellte mein Bruder Edgar fest.

Und dann waren da noch die Neuen aus Sachsen. Sie hatten einen roten DKW mit weißem Dach. Auch dieses Auto hatte eine Besonderheit. Die beiden Türen waren zwar seitlich angebracht, gingen aber beim Öffnen nach vorne auf.

Ab und zu durfte ich mitfahren, wenn es sonntags an den Baggersee zum Baden ging. Ich belieferte die Familie mit frischer Milch vom Bauernhof einer Tante. Und manchmal half ich auch den Töchtern beim Geschirrabtrocknen. Vor allem, wenn Gabi an der Reihe war. Spülmaschinen kannte man damals noch nicht.

Der ganze Stolz des städtischen Beamten nebenan war sein Moped. In jeder freien Stunde holte er das Schmuckstück aus dem Schuppen und schob es in den Hof. Dann putzte er so lange daran herum, bis auch das kleinste Stäubchen verschwunden war. Zur Arbeit fuhr er mit dem Fahrrad. Das Moped sollte geschont werden. Nur sonntags genehmigte er sich zur Feier des Tages eine kleine Tour. Und das auch nur bei schönem Wetter.

Wir Kinder beobachteten das Treiben schon eine ganze Weile. Eines Abends saßen wir wieder einmal auf der Gartenmauer. Da kam der Beamte dahergeradelt. Er stieg vom Fahrrad und entfernte die Klammern an den Hosenbeinen. Dann nahm er seine Aktentasche vom Gepäckträger und verschwand im Haus.

„Hat ein Moped und fährt Fahrrad!“, sagte ich verwundert.

„Der denkt eben an seine Gesundheit“, wandte Gabi ein.

„Quatsch! Der hat einen Spleen!“, behauptete Edgar.

Und von da an ließ uns der Gedanke an einen Streich nicht mehr los. Irgendwann würde uns schon eine Idee kommen, das stand fest.

Und sie kam. Hans, aus der Wohnung nebenan, ging seit ein paar Monaten bei einem Gärtner in die Lehre. Von seinem ersparten Geld hatte er sich ein gebrauchtes Moped gekauft. Es hatte einige Rostflecken und klapperte auch ein wenig. Aber es fuhr!

Bald stand unser Plan fest.

Am Sonntag darauf war schönes Wetter. Der Nachbar wollte sich mal wieder eine kleine Spritztour mit seinem Schmuckstück gönnen. Fahrbereit stand das auf Hochglanz polierte Moped im Hof. In einem

unbewachten Moment stellten wir das alte Moped von Hans an die Stelle. Das andere versteckten wir hinter dem Haus. Dann legten wir uns erwartungsvoll auf die Lauer.

Der Nachbar erschien. Verdutzt blieb er stehen und betrachtete sein plötzlich gealtertes Vehikel.

„Jetzt wird er gleich vor Wut platzen", flüsterte ich im Versteck.

Doch wie groß war unser Erstaunen! Plötzlich setzte sich der städtische Beamte auf das Moped und ratterte davon. Als er nach zwei Stunden zurückkam, stellte er es ab und verschwand im Haus.

Im Nu waren wir zur Stelle und tauschten die Fahrzeuge wieder aus. Als Hans sich sein Moped genauer anschaute, entdeckte er auf dem Tankdeckel einen Zettel.

„Danke für die kostenlose Spritztour", stand darauf.

Jetzt schauten wir uns verdutzt an!

Blumen für Fräulein Elis

Zu Hause hatten wir keinen Fernseher. Dazu reichte unser Geld nicht. Aber langweilig war es uns deswegen nie. Mama hatte immer Arbeit für uns. Und Oma hatte noch Landwirtschaft. Da gab es genug zu tun. Und Zeitschriften trugen wir auch noch aus. So konnten wir uns etwas Taschengeld verdienen.

Aber manchmal ärgerte es uns doch, dass wir keinen Fernseher hatten. In der Schule hörten wir oft von anderen Kindern, was sie tags zuvor gesehen hatten. Wir konnten nicht mitreden. Das wurmte uns gewaltig. Aber anmerken ließen wir uns nichts. Wir wären doch nur ausgelacht worden.

Gabi und Gina, die neu zugezogen waren, hatten daheim einen Fernseher. Der stand aber im Wohnzimmer. Und das wurde nur an Feiertagen genutzt. Die Familie hielt sich meistens in der Wohnküche auf. Nur der Vater durfte sich ab und zu auf der Wohnzimmercouch ausruhen. Also war da nichts mit Fernsehen!

Die Familie über uns hatte auch einen Apparat. Manchmal durften wir dort schauen. Vor allem, wenn es draußen regnete.

„Ihr dürft bei uns mitgucken“, sagten dann Birgit und Walter.

Da waren wir gleich dabei. Und ihre Mutter lächelte nur, wenn eine ganze Horde Kinder Couch, Sessel und Fußboden im Wohnzimmer bevölkerte.

Nur sonntags funktionierte das nicht. Da war ihr Vater zu Hause, und am Sonntag wollte er seine Ruhe haben. Das leuchtete uns auch irgendwie ein.

Aber ausgerechnet sonntags um drei Uhr kam immer eine amerikanische Westernserie, von der in der Schule dauernd die Rede war. Nicht im Unterricht, da ging es um andere Dinge, aber in den Pausen. Dann erzählten sie von den Cowboys und ihren Abenteuern im wilden Westen.

Die Geschichten über Indianer, Überfälle, Schießereien und dergleichen klangen unheimlich spannend. Wie gern hätten wir da auch einmal mitgeredet.

Was gab es noch für Möglichkeiten? In Gedanken gingen wir die Straße auf und ab.

„Die Elis hat einen Fernseher“, fiel es Gina plötzlich ein.

Die Elis war ein Fräulein so um die vierzig. Damals sagte man zu allen unverheirateten Frauen Fräulein. Sie wohnte ein paar Häuser weiter und arbeitete in der nahen Spankorbfabrik. Eigentlich hieß sie Elisabeth. Aber alle in der Nachbarschaft sagten einfach Elis zu ihr.

Wie konnten wir es anstellen, dass wir sonntags um drei bei ihr fernsehen durften? Es musste doch einen Weg geben! Plötzlich hatte Gabi die rettende Idee.

„Wir bringen ihr einen Blumenstrauß“, sagte sie.

Gesagt, getan! Wiesen und Gärten gab es genug in der Gegend! Pünktlich um drei standen wir mit einem stattlichen Strauß vor Elis' Tür und klingelten.

„Der ist für Sie!“, strahlten wir, als Elis öffnete.

„Nein, so was! Blumen für mich?“, lächelte das Fräulein und bat uns herein.

Flugs waren wir im Haus.

„Ihr habt sicher Durst“, meinte sie und eilte in die Küche.

Aus dem Wohnzimmer ertönte gerade die Eröffnungsmelodie. Vorsichtig betraten wir die gute Stube und setzten uns artig auf das Sofa, nachdem uns Elis aufmunternd angesehen hatte. Sie schenkte uns sogar Himbeersaftschorle ein! Wie gebannt stierten wir in Richtung Fernseher.

„Wenn ihr wollt, könnt ihr ja immer mit mir die Coyboy-Serie anschauen“, schlug sie vor.

Das ließen wir uns nicht zweimal sagen. Und fortan klingelte es bei Elis jeden Sonntag um drei an der Tür.

Ein Fußball aus echtem Leder

Eines Tages brachte Walters Vater einen Fußball mit nach Hause. Er war längere Zeit verreist gewesen und wollte seinen Kindern eine Freude machen. Stolz zeigten uns Walter und Birgit ihre neue Errungenschaft. Ein Fußball aus echtem Leder, das war schon etwas Besonderes!

Dass wir mitspielen durften, war klar. Bisher hatten wir einen Gummiball, wenn wir auf der Straße vor dem Haus kickten. Jetzt konnten wir wie die großen Fußballer mit einem richtigen Lederball dribbeln und Tore schießen. Fußball spielten wir immer abends nach dem Nachtessen. Dann war die Straße so gut wie frei. Die meisten Leute waren zu Hause. Und wenn sich doch einmal ein Auto oder Fahrrad in die Gegend verirrte, räumten wir eben für kurze Zeit das Feld.

Das erste Match mit dem neuen Ball war ein Ereignis! Fast alle Buben und Mädchen aus der Nachbarschaft waren dabei. Zwei Mannschaften wurden gebildet und bald war der tollste Kampf um den Ball im Gange.

„Spielt anständig und verschont die Gärten!“, hatte man uns als weisen Rat mitgegeben.

Doch im Eifer des Gefechts war die Flugbahn des Balles nicht immer genau zu berechnen. Und es kam, was kommen musste. Plötzlich landete das Geschoss im Blumen-

beet des Ingenieurs. Er mochte unsere Kinderschar nicht besonders und erlaubte seinen beiden Töchtern nur selten, bei uns mitzuspielen.

Brav saßen die beiden auch heute mit ihren Eltern auf dem Balkon. Irgendwie musste die Familie den fehlgeleiteten Fußball gesehen haben. Denn wie von einer Tarantel gestochen sprang der Vater auf und rief ärgerlich: „Könnt ihr nicht aufpassen?“

Wie begossene Pudel standen wir da.

„Dürfen wir den Ball holen?“, fragte Birgit vorsichtig.

Doch der Ingenieur war zu sehr in Rage.

„Nichts da! Wehe, es betritt einer meinen Garten!“, schimpfte er.

Also Spielabbruch! Und Kriegsrat auf der Gartenmauer!

„Wir dürfen einfach nicht mehr so fest schießen“, meinte ich.

„Wir müssen ein neues Spielsystem erfinden“, schlug Klaus vor, der im zweiten Stockwerk wohnte.

Er war zwar kein begnadeter Fußballer, hatte aber immer wieder gute Ideen.

„Wir spielen auf kleine Tore. Jeder spielt gegen jeden, und jeder hat sein eigenes Tor“, erklärte er.

„Wie soll denn das funktionieren?“, fragte Walter.

„Am besten als Turnier, immer nur vier Spieler auf dem Platz, nach fünf Minuten die nächsten vier“, ergänzte Birgit.

„Das probieren wir!“, wurde beschlossen. Ich holte den Gummiball, mit dem wir bisher gespielt hatten. „Nicht einfach draufknallen, sondern mit dem Innen- oder Außenrist ins Tor schieben“, rief mir Walter zu. Er spielte in der C-Jugend des Fußballclubs und hatte es so im Training gelernt.

Und siehe da, das Spiel machte richtig Spaß, auch ohne Lederball.

Und zu unserer großen Überraschung kamen nach einer Weile schüchtern die beiden Töchter des Ingenieurs zu uns und brachten uns den Lederball zurück. Ihr Vater schien sich also schnell wieder beruhigt zu haben – jetzt war die Welt wieder in Ordnung!

Das Abenteuer mit dem Floß

Unser Garten grenzte an einen Bach, der viel Wasser mit sich führte. Zum Baden war das Wasser meistens zu kalt.

Aber schiffbar müsste das Gewässer doch sein, überlegten wir.

„Wir könnten es ja mal mit einem Floß versuchen", meinte Edith.

„Wir bräuchten Holzstämme und Seile", überlegte ich.

„Im Geschäft liegen alte Gartenpfosten, die kriege ich umsonst", meinte Hans.

Er wohnte im gleichen Stockwerk wie wir und arbeitete seit ein paar Monaten als Lehrling in einer Gärtnerei.

„Und Seile könnten wir von unserer Oma bekommen", sagte mein Bruder Edgar.

Richtig! Oma hatte in der Scheune eine Menge Seile hängen. Als Opa gestorben war, hatte sie die Kühe verkauft und nur die Hühner behalten. Die Kälberstricke brauchte sie bestimmt nicht mehr.

Der Plan stand fest. Sobald das Material herangeschafft war, wollten wir das Experiment wagen. Und der Tag kam!

Keiner von uns hatte Erfahrung. Flöße hatten wir bisher nur auf Abbildungen gesehen. Aber unser Wille und Arbeitseifer waren nicht zu bremsen.

Und siehe da! Nach einigen Stunden und vielen Versuchen klappte es. Die Konstruktion hielt. Eine Bohnenstange als Mast und ein roter Stofffetzen als Fahne vervollständigten das gelungene Werk.

Stolz luden wir das Floß auf einen Leiterwagen. Im Triumphzug zogen wir es an eine Stelle, wo wir es zu Wasser lassen konnten. Mit vereinten Kräften schleppten wir es an den Bach. Mit einem kräftigen Hauruck platschte es ins Wasser.

„Es schwimmt! Es schwimmt!“, ertönte ein vielstimmiger Schrei.

Edgar ging als Erster an Bord. Das Floß hielt. Dann kletterte Inge hinauf, dann Edith. Es hielt noch immer. Jetzt war Bärbel an der Reihe. Dann kam Robert. Der kritische Punkt schien erreicht zu sein. Etwas Wasser schwappte über das Holz. Erschrocken sprang Robert ans Ufer zurück.

„Jetzt wird' s zu voll!“, rief er.

„Also dann, Leinen los!“, rief ich.

Das Floß legte ab und schwamm mit den vier Passagieren den Bach hinunter. Die restlichen Kinder rannten am Ufer nebenher. War das ein Hallo! Überall gingen die Fenster auf.

„So eine Rasselbande!“, brummte ein Nachbar kopfschüttelnd.

„Was für tolle Lausbuben und Gören!“, lachte ein anderer.

Das Unternehmen war geglückt. Eine Besatzung nach der anderen schiffte den Bach hinunter. Kurz vor der Spankorbfabrik zogen wir das Gefährt an Land. Und eine fröhliche Kinderschar beförderte es mit dem Leiterwagen wieder zurück.

Es wäre ewig so weitergegangen. Aber nach der zehnten Fahrt brachen zwei der doch etwas zu alten, morschen Pfähle. Trotzdem war es ein tolles Abenteuer!

Die morsche Leiter

Nicht alle Grundstücke in unserer Straße waren bebaut. Schräg gegenüber lag eine freie Fläche, auf der wir Kinder oft spielten. Vor allem der knorrige Apfelbaum darauf lud zum Klettern ein. Blüten und Blätter trieben im Frühjahr nur noch spärlich aus. Und die wenigen Äpfel fielen herunter, bevor sie reif wurden.

Wieder einmal saßen wir auf der Gartenmauer und überlegten, was wir anstellen könnten. Dabei fiel mein Blick auf den Apfelbaum.

„Wir könnten ein Baumhaus bauen“, kam mir in den Sinn.

„Die Idee ist preisverdächtig!“, rief mein Bruder Edgar.

Auch die anderen Kinder waren begeistert. Und sofort gingen die Überlegungen los, woher wir uns das Material beschaffen könnten. Vor allem brauchten wir Holz.

„Pfosten könnte ich besorgen“, meinte Hans, der in einer Gärtnerei arbeitete.

„Aber keine morschen, wie das letzte Mal!“, sagte mein Bruder Robert.

„Und nach Brettern fragen wir in der Spankorbfabrik“, schlug ich vor.

Mit zwei Leiterwagen machten wir uns auf den Weg. Vorsichtshalber nahmen wir eine Säge mit. Erstes Ziel war die Gärtnerei. Dort standen einige große Haselnussbüsche. Sie sollten im Herbst einem neuen Gewächshaus weichen.

„Nehmt, was ihr brauchen könnt!“, erlaubte uns der Gärtnermeister.

Wir sägten die kräftigsten Stangen ab und luden sie auf einen Wagen. Nächste Station war das Sägewerk in der Spankorbfabrik. Wir bestürmten den Vorarbeiter so lange, bis er auf einen Bretterhaufen deutete.

„Nehmt euch, was ihr braucht“, schnaufte er.

Wie eine wilde Horde stürzten wir uns auf die Schwarten und beluden damit unseren zweiten Leiterwagen. Im Triumphzug ging es dann zur Baustelle.

In den nächsten Tagen wurde in jeder freien Minute gesägt und genagelt. Und mehr als einmal war dabei ein „Autsch!“ zu hören, wenn mal wieder aus Versehen der Daumen anstelle des Nagels getroffen wurde.

Doch am Ende konnte sich das Werk sehen lassen! Den alten, knorrigen Apfelbaum zierte ein stattliches Baumhaus! Jetzt fehlte nur noch eine Leiter.

Mir fiel der Bauer ein, von dem wir Moritz, unser Kaninchen, hatten. An einer Mauer der Scheune hatte ich ein paar Leitern hängen sehen.

„Braucht ihr mal wieder Heu für euren Moritz?“, rief er schon von Weitem.

„Nein, eine Leiter für unser Baumhaus“, schallte es vielstimmig zurück.

„Ihr seid mir so eine Rasselbande!“, lachte er.

An der Leiter, die er uns gab, fehlten zwei Sprossen. Mit zwei Holzlatten und acht Nägeln war der Schaden bald behoben. Dem Richtfest stand nichts mehr im Weg!

Wir hatten unser Baumhaus. Für uns war es wie Weihnachten und Ostern zugleich. Doch dann geschah das Unfassbare!

Es war am Tag nach der Einweihung. Edgar stieg die Leiter hoch. Er war fast oben. Da krachte es! Und mein Bruder lag am Boden. Mit schmerzverzerrtem Gesicht griff er sich an den rechten Arm.

„Kannst du ihn bewegen?“, fragte ich.

Der Versuch klappte.

„Dann ist er nur verstaucht“, stellte Robert fest.

Zum Glück war es tatsächlich so. Aber eine Verstauchung kann höllisch wehtun!

Doch wie konnte die Leiter brechen? War sie morsch gewesen? Wir unterzogen sie einer genauen Untersuchung. Die dritte Sprosse von oben war kaputt.

„Die war tatsächlich morsch", sagte Hans.

„Und ich dachte schon, die hätte jemand angesägt", meinte Inge aus dem dritten Stock.

„Ach was, das war der Zahn der Zeit!", lachte Hans.

„Am besten nageln wir lauter neue Latten an", schlug ich vor, „bevor die nächste Sprosse bricht."

Im Hämmern und Nageln waren wir inzwischen geübt. Bald lehnte das fertige Produkt am Baumhaus.

„Sieht wie neu aus!", stellten wir zufrieden fest.

Zwölf Puten und ein Hund

Margret war eine Tante von uns. Zusammen mit ihrem Mann Otto und ihren fünf Kindern hatte sie einen Bauernhof. Er lag etwa zwei Kilometer von uns entfernt. Jeden Tag musste eines von uns sechs Geschwistern dort eine Kanne Milch holen. Heute war ich an der Reihe.

„Soll ich mitkommen?“, fragte mein Bruder Edgar.

„Meinetwegen“, nickte ich und schnappte die Milchkanne.

Zu zweit war die Expedition interessanter. Der Weg führte an einem Gehege vorbei mit zwölf Puten oder Truthühnern, wie sie auch heißen. Sie waren leicht

reizbar. Man brauchte nur laut zu pfeifen. Schon kamen sie angerannt und ihr aufgeregtes „Trut-trut-trut“ war unüberhörbar.

Mama hörte von solcherlei Abenteuern zwar gar nicht gerne, aber auch heute konnten mein Bruder und ich uns das nicht verkneifen. Es war einfach ein tolles Schauspiel, wie diese hässlichen Vögel mit ihren nackten Köpfen dahergesaust kamen. Ihr wildes Geschrei und ihre Drohgebärden jagten uns keine Angst ein. Es war ja ein Zaun dazwischen!

Plötzlich sauste Max, der Hofhund, um die Ecke auf uns zu. Jetzt hieß es Fersengeld geben! Zum Glück hatten wir einen Vorsprung. Als der Hund sicher war, dass er uns verscheucht hatte, drehte er wieder ab.

Unbehelligt erreichten wir den Bauernhof der Tante und bekamen dort unsere Kanne gefüllt.

Jeder von uns bekam einen Becher frische Kuhmilch als kleine Stärkung. Das schmeckte!

Auf dem Heimweg kamen wir natürlich wieder an dem Putengehege vorbei.

„Ob sich Max, der Hund, wieder beruhigt hat?“, fragte Edgar.

Der Gedanke ging mir auch durch den Kopf. „Der hat sich bestimmt längst verkrochen“, beruhigte ich meinen Bruder.

Doch da hatte ich mich geirrt. Im selben Moment nämlich sauste Max unter dem Holunderstrauch neben dem Hofeingang hervor. Edgar ging gleich hinter mir in Deckung. Ich hielt abwehrend die Milchkanne vor mich hin. Der Hund sprang an mir hoch und traf voll das unschuldige Gefäß. Der Deckel flog auf den Boden und ein Großteil der Milch schwappte heraus!

Die Bäuerin kam uns schnell zu Hilfe, sie pfiff den Hund zurück: „Marsch! Ab in deine Hütte!“

Dann entschuldigte sie sich sogar, bat uns ins Haus und füllte Milch nach. Als Trostpflaster bekam jeder ein Brot mit Speck.

„Das habt ihr euch verdient“, sagte sie.

Wir waren uns da nicht so ganz sicher. Aber geschmeckt hat es uns doch!

Bahn frei! Kartoffelbrei!

Wie alle Kinder freuten wir uns jedes Jahr auf den Winter. Wenn draußen die ersten Schneeflocken vom Himmel tanzten, war der Jubel groß. Wir konnten es kaum erwarten, bis wir raus durften.

„Mütze auf den Kopf und Schal um den Hals!“, rief die Mutter.

Dann stoben wir hinaus und tanzten mit den Flocken um die Wette. Wir sperrten den Mund weit auf, damit sie sich auf unsere Zunge setzen konnten. Ein leichtes Kitzeln, dann lösten sie sich auf.

Im Winter war es herrlich! Man konnte Schneebälle formen und mit den anderen Kindern eine Schneeballschlacht machen. Vor jedem Haus stand mindestens ein Schneemann mit einer Karotte oder einem Tannenzapfen als Nase. Schwarze Kohlen aus dem Keller zierten als Augen und Knöpfe sein weißes Kleid.

Wenn genug Schnee lag, bauten wir damit eine Hütte. Die ganze Kinderschar wälzte die kleinen Schneebälle

so lange über den Boden, bis daraus riesige Kugeln entstanden. Sie dienten als Bausteine für die Wände.

Am beliebtesten bei uns Kindern war aber das Schlittenfahren! Der Hang in der Nähe war zwar nicht olympiatauglich, doch für uns ideal! Wir hatten es nicht weit und konnten uns daheim aufwärmen, wenn uns einmal kalt wurde – was selten vorkam. Den Schlitten den Buckel hochzuziehen brachte einen nämlich ganz schön ins Schwitzen. Aber die rasante Abfahrt lohnte jedes Mal die Anstrengung.

„Bahn frei! Kartoffelbrei!“, hieß dann der Schlachtruf.

Und alles stob aus der Bahn und machte dem nach unten rasenden Schlitten Platz.

Auch nach der soundsovielten Fahrt wurde uns das Hochziehen und Runterfahren nicht langweilig. Wir hatten immer neue Einfälle.

„Wir hängen die Schlitten aneinander“, schlug mein Bruder vor.

Das konnte lustig werden, wenn die ganze Meute in einer Schlangenlinie den Hang hinunterwedelte. Und manchmal endete die Fahrt unten in einem Knäuel.

„Heute bauen wir eine Schanze“, sagte Walter.

Er wohnte im Stockwerk über uns und war immer für Experimente zu haben. Alle waren von der Idee begeistert. Fast alle – Inge aus dem dritten Stock hatte Bedenken.

„Das kann auch in die Hosen gehen“, meinte sie.

„Höchstens vor Angst“, lachte Walter.

Und Angst hatte keiner, auch Inge nicht. Wenigstens ließ sie sich nichts anmerken.

Bald war die muntere Kinderschar mit dem Bau der Schanze beschäftigt. Schnee wurde herangeschleppt, auf einen Haufen geschüttet und festgetreten. Das Ergebnis konnte sich sehen lassen. Die waghalsigen Fahrten konnten beginnen.

„Bahn frei! Kartoffelbrei!“, schallte es jetzt noch lauter.

Und mit Schwung fegte einer nach dem anderen über die Schanze. Die Landung war nicht immer astrein. Der Spaß dafür umso größer!

An einem Nachmittag fand der Spaß jedoch ein schnelles Ende. Martin, unser jüngster Bruder, hatte bei der Landung die Kontrolle über seinen Schlitten verloren. Er segelte durch die Luft, kam ganz unten am Hang auf, rutschte, rutschte noch ein Stück weiter und landete im Bach.

Wir rasten sofort alle los und zogen den pudelnassen Martin aus dem kalten Wasser.

Zum Glück hatten wir es nicht weit, und zu Hause bekam Martin gleich trockene Kleider und eine Tasse heißen Tee mit Honig.

An dem Tag spielten wir dann lieber drinnen – „Mensch, ärgere dich nicht!“.

Stachelbeeren im Winter

In unserem Sechsfamilienhaus mit den einundzwanzig Kindern gab es einige Schlitten. Skier hatte nur ich. Aber was für welche! Derartige Exemplare wäre heute höchstens noch im Museum zu bestaunen: Skier aus Holz mit Lederriemen als Bindung. Aber der Vorteil war, man brauchte keine extra Skischuhe, einfache Winterstiefel taten es auch!

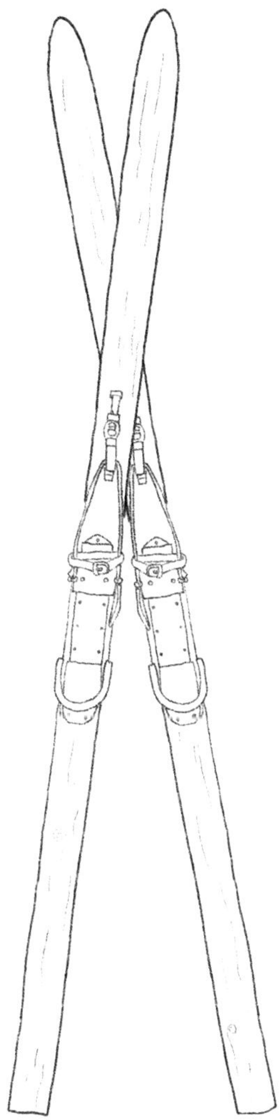

Und so gestalteten wir im Winter unsere eigenen Skitage. Die ganze Kinderschar versammelte sich oben am Hang. Einer nach dem anderen schnallte sich die Bretter an die Füße und wedelte zwischen den Obstbäumen hinunter.

„Der Nächste bitte!“, hieß es dann wie im Wartezimmer beim Zahnarzt.

Die Fahrtechnik hatten wir uns mit der Zeit selber beigebracht. Gewicht verlagern, den Bäumen ausweichen und unten mit dem Stemmbogen bremsen. Wer das nicht befolgte, landete in den Stachelbeersträuchern. Diese unfreiwillige Erfahrung hatten anfangs alle gemacht.

„Ein dorniger Weg zum Erfolg!“, lachte die Mutter, wenn wir mal wieder mit Kratzern im Gesicht nach Hause kamen.

Eines Tages staunten wir nicht schlecht. Wieder einmal übten wir auf unserem Skigelände. Plötzlich tauchten Lilly und Amy, die beiden Töchter der Ingenieursfamilie von gegenüber auf. Sie durften sonst nie mit uns spielen.

Jetzt kamen sie den Hang herauf. Die Skier, die sie bei sich hatten, waren der letzte Schrei!

Und erst die Skischuhe! Uns blieb die Spucke weg. So tolle Exemplare kannten wir nur aus dem Schaufenster.

„Ihr müsst aber reich sein!“, staunte mein Bruder Robert.

„Wir haben sie zu Weihnachten bekommen“, erklärte Lilly etwas scheu.

„Von unseren Eltern und Großeltern“, ergänzte Amy.

Eigentlich waren die Mädchen ganz nett. Wir hatten sie sonst immer nur von Weitem gesehen und als blöde Ziegen eingestuft. Aus der Nähe betrachtet, waren die auch nicht anders als wir.

„Könnt ihr gut Ski fahren?“, fragte Birgit.

Birgit wohnte direkt über uns und war immer Feuer und Flamme, wenn sich ihr etwas Neues bot.

„Wir lernen noch“, meinte Lilly.

„Na, dann mal los!“, rief ich.

Zuerst war Lilly an der Reihe. Langsam rutschte sie los. Knapp ging es am ersten Baum vorbei. Dann auch am zweiten. Als der dritte nicht ausweichen wollte, ließ sie sich fallen.

„Huch! Gar nicht so einfach!“, schnaufte sie.

Jetzt war Amy an der Reihe.

„Ich mache es dir mal vor“, sagte meine Schwester Marianne.

Sie konnte am besten von uns fahren. Bei einer Veranstaltung des örtlichen Skiclubs war sie in ihrer Altersklasse sogar einmal Dritte geworden.

Alle sahen zu und dann versuchte es Amy.

Sie stellte es gar nicht so übel an und kam an allen Bäumen vorbei.

„Bremsen! Jetzt bremsen!“, schrie ich.

Doch es war zu spät. In voller Fahrt sauste Amy in die Stachelbeersträucher. Die wehrten sich natürlich heftig. Wir rannten den Hang hinunter und zogen Amy heraus.

„Im Winter gibt es keine Stachelbeeren zu pflücken!“, sagte Robert.

„Ich werde es mir merken“, nickte Amy und lächelte schon wieder.

Auf einmal tauchte die Mutter der beiden Mädchen auf: Sie brachte Tee und Gebäck für uns alle. „Damit ihr euch aufwärmen könnt“, meinte sie.

Damit hatten wir gar nicht gerechnet, wir schauten sie ganz erstaunt an.

„Ihr Nachbarskinder seid in Ordnung! Das habe ich auch schon immer zu meinem Mann gesagt!“, meinte die Frau lächelnd.

„Sie sind auch in Ordnung!“, sagte ich etwas verlegen.

Jetzt schmeckten uns Tee und Gebäck besonders gut! Von da an waren Lilly und Amy fast immer dabei und wir ließen sie gerne mitspielen.

Weihrauch und Zigarrenduft

Messdiener in St. Peter und Paul! In meiner Jugendzeit ein Traumziel für viele Buben! So auch für meinen Bruder Edgar und mich und für Walter und Klaus aus dem ersten Stock. Mädchen waren damals für den Dienst am Altar nicht zugelassen.

Auch wir männlichen Bewerber mussten erst ein großes Hindernis überwinden. Es galt, alle lateinischen Messgebete auswendig aufsagen zu können. Besonders kritisch waren das ellenlange „Confiteor" und das zungenbrecherische „Suscipiat".

Als wir das endlich geschafft hatten, überwachten die beiden Oberministranten Lutz und Norbert den weiteren Weg von uns Ministranten am Altar. Sie nörgelten an allem herum. Nichts konnten wir Anfänger ihnen recht machen. Ein Lob kam höchstens mal vom Kaplan, der sich auch nicht zu schade war, in seiner knappen Freizeit mit uns Fußball zu spielen.

Bei solchen „niederen" Tätigkeiten waren

die beiden Oberministranten nicht dabei. Fußball war in ihren Augen etwas für das gemeine Volk. Dass der Kaplan sich für so etwas hergab, konnten sie sowieso nicht verstehen. Dafür stolzierten sie beim Hochamt steckensteif und erhobenen Hauptes in den Altarraum hinaus. Lutz schwenkte das Rauchfass und Norbert trug das silberne Schiffchen mit dem Weihrauch.

Anfängern wie uns drohten immer wieder Missgeschicke. Meinem Bruder Edgar wurde der lange Ministrantenrock zum Verhängnis. Er trat darauf und stolperte die Altarstufen hinauf. Wein und Wasser für den Priester versickerten im roten Läufer.

„Tollpatsch!“, zischte Norbert.

Walter kam bei einem lateinischen Messgebet ins Stottern und wusste vor lauter Aufregung nicht mehr weiter. Der Pfarrer sah darüber hinweg und machte einfach weiter. Nicht so Lutz, der Oberministrant. Nach der Messe musste sich Walter in der Sakristei Vorwürfe von ihm anhören.

Auch Klaus kam nicht ungeschoren davon. Einmal näherte er sich dem Altar von der falschen Seite her. Das anschließende Donnerwetter der Oberministranten war nicht zu überhören.

Das größte Missgeschick lieferte ich. Als ich das Messbuch samt Ständer von der rechten zur linken Seite des Altars tragen wollte, rutschte der dicke Wälzer herunter und polterte die Stufen hinab. Da war die Hölle los! Fast hätte ich ein paar Ohrfeigen einstecken müssen. Zum Glück schritt der Mesner ein.

„Diesen Oberministranten müssen wir mal einen Denkzettel verpassen!“, sagte ich.

„Wir füllen Knallerbsen ins Rauchfass!“, schlug Walter vor.

„Ist das nicht zu gefährlich?“, wandte Edgar ein.

„Wie wäre es mit Tabak?“, fragte Klaus.

Das war die Idee! Tabak qualmt und stinkt. Da würden die beiden Oberministranten alt aussehen!

Vor dem nächsten Hochamt setzten wir unseren Plan in die Tat um. Wir zerbröselten zwei Zigarren von Walters Vater und mischten den Tabak unter die Weihrauchkügelchen.

Und als der Pfarrer nichtsahnend das Rauchfass schwenkte und das Kirchenvolk damit beweihräucherte, wunderten sich alle über die gewaltigen Rauchschwaden, die dem heiligen Gefäß entstiegen und die vorderen Bänke einnebelten.

„Was habt ihr denn da hineingemischt?“, fragte der Geistliche streng. Mit hochrotem Kopf schickte er die Oberministranten in die Sakristei.

Was folgte, waren peinliche Befragungen. Walter, Klaus, Edgar und ich standen mit ziemlich unschuldigen Gesichtern dabei – nur wer genauer hinsah, konnte darin ein heimliches Grinsen entdecken!

Das afrikanische Mädchen

Eines Tages herrschte große Aufregung unter uns Kindern. Die ganze Nachbarschaft war wie elektrisiert.

„Die Baumanns bekommen Besuch aus Afrika", wurde getuschelt.

Die Baumanns waren der städtische Beamte und seine Frau, die nebenan ihr Häuschen mit dem gepflegten Garten hatten.

Afrika war für uns Kinder ein geheimnisvoller Kontinent. Die meisten kannten ihn nur aus Büchern, zum Beispiel aus den Geschichten von Karl May. Die Abenteuer von Kara Ben Nemsi und seinem Freund Hadschi Halef Omar hatten wir alle gelesen!

„Besuch aus Libyen", wussten wir bald genauer.

„Aus Bengasi", hieß es dann.

Wir saßen auf der Gartenmauer und suchten Bengasi im Atlas.

„Das liegt ja am Mittelmeer", rief Marianne.

„In der Nähe von Ägypten", sagte ihr Bruder Robert.

Von Tag zu Tag waren wir gespannter, was uns erwartete. Und dann kamen sie, die Afrikaner!

Natürlich sprach sich ihre Ankunft gleich herum. Und wieder beobachteten wir Kinder interessiert die Szene. Wie damals, als die Familie aus Sachsen einzog.

Drei Personen stiegen aus dem Taxi. Ein Mann, eine Frau und ein Mädchen.

„Die sehen ja aus wie wir!“, rief Marianne enttäuscht.

Wahrscheinlich hatte sie Besucher mit dunklerer Hautfarbe erwartet.

„Immerhin sind sie nicht so bleich wie du“, bemerkte Robert.

„In Afrika scheint auch mehr die Sonne“, wehrte sich seine Schwester.

An den folgenden Tagen drehte sich alles nur um Elke. So hieß das Mädchen aus dem fernen Bengasi.

Elke schien unser Interesse zu genießen. Gespannt lauschten wir ihren Erzählungen über ihr Leben in Libyen. Ihr Vater war ein Sohn der Baumanns und seit drei Jahren als Arzt in Bengasi tätig. Sie selber war elf Jahre alt und ging dort in die internationale Schule.

„Also bist du gar kein afrikanische Mädchen“, meinte Marianne spitz.

„Nein, ich bin Deutsche wie du“, bestätigte Elke.

„Aber du lebst in Afrika“, sagte ich.

„Genau, und jetzt machen wir Urlaub in Deutschland“, erklärte Elke.

Wir Buben waren von Elke fasziniert. Mit ihrem sonnengebräunten Gesicht, der lustigen Stupsnase und den strahlenden Augen erschien sie uns wie die Schönheit in Person. Dazu kam ihr Wissen über ein uns fremdes Land. Kaum ließ sie sich blicken, waren wir auch schon in ihrer Nähe.

„Zu dumm, dass ich nicht aus Afrika komme!“, meinte Inge gereizt.

Sie wohnte im dritten Stockwerk und hielt sich bisher für die Schönste.

Am liebsten hätte sie den Zauberspiegel aus dem Märchen „Schneewittchen und die sieben Zwerge“ gehabt. Dann hätte sie ihn fragen können: „Spieglein, Spieglein an der Wand, wer ist die Schönste im ganzen Land?“

Und wehe, er hätte eine falsche Antwort gegeben!

Aber so einen Spiegel gab es zum Glück nur im Märchen. Und Inge beruhigte sich, als wir anschließend Fangen spielten. Die Buben rannten ihr genauso oft nach wie dem Mädchen aus dem fernen Bengasi.

Mit der Zeit war es so, als hätte Elke schon immer dazugehört. Sie machte die Hüpfspiele mit, die wir mit Kreide auf die Straße malten, hatte wie wir Spaß am Fußball und kannte bald alle Abzählverse beim Versteckspiel auswendig.

Manche Reime hörten sich bei ihr lustig an. So sagte sie „fümpfe“ statt „fünf“.

Das klang dann so: „Eins, zwei, drei, vier, fümpfe, strick mir ein paar Strümpfe …“

Aber kichern oder gar lachen durften wir nicht, sonst hätte sie unser Versteck gleich erraten.

Schade, dass Elke nicht für immer bleiben konnte!

Aber jedes Mal, wenn der Briefträger kam, blickte er in erwartungsvolle Kinderaugen.

„Ist ein Brief aus Afrika dabei, aus Bengasi?“, war darin zu lesen.

Zuckerhasen und Kniestrümpfe

Ostern war für uns Kinder immer ein heiß ersehntes Fest. Nicht wegen der zu erwartenden Geschenke. Die waren früher sowieso ziemlich spärlich gesät. Außer einem roten Zuckerhasen und ein paar gekochten und mit Zwiebelhäuten gefärbten Eiern war selten einmal etwas im Osternest zu finden.

Wenn wir Glück hatten, gab es noch neue Kniestrümpfe, die Oma für uns strickte. Dann konnten wir endlich die langen Strümpfe wegpacken. Dazu die Gummistrapse, mit denen sie am Leibchen befestigt waren. Lange Strümpfe zu kurzen Hosen, wie sah das denn aus? Und mit einem Pflaster am Knie liefen wir nach einem Sturz lieber herum als mit gestopften Strümpfen.

Jetzt musste nur noch das Wetter mitmachen! Denn Kälte und Kniestrümpfe vertrugen sich auch damals nicht so gut. Das meinten jedenfalls die Erwachsenen.

Worüber wir uns aber am meisten freuten, war der Ausflug in der Woche vor Ostern. Da durften wir mit unserer Mutter die „Hasenfrau“ besuchen.

Die gab es damals tatsächlich. Ihr schmuckes Häuschen lag am Rande eines benachbarten Dorfes. Seit ihre eigenen Kinder aus dem Haus waren und selbst Kinder hatten, bereitete es der „Hasenfrau" die größte Freude, ihr Heim in der Osterzeit zu schmücken und für alle Kinder in der Nachbarschaft zu backen.

Wenn wir die große Stube betraten, fingen unsere Kinderaugen zu leuchten an. So ähnlich musste es im Lebkuchenhaus bei „Hänsel und Gretel" ausgesehen haben. Wohin wir auch schauten, entdeckten wir köstliche Leckereien.

Da gab es Hasen mit einem Korb auf dem Rücken, Hasen mit Schubkarren, Hasen, die im Auto fuhren, Häsinnen mit Hasenkindern, Osterlämmchen, rote, gelbe und braune! Wir konnten uns kaum satt sehen.

Und das Schönste war, wir durften der Hasenfrau bei ihrer Arbeit helfen. Sie füllte die Metallformen mit heißer Zuckermasse. Wenn sie kalt genug waren, löste sie daraus die begehrten Köstlichkeiten. Natürlich halfen wir auch mit, wenn es galt, die schönen Stücke in die Stube zu tragen.

Einmal kam es vor, dass mein Bruder Robert vor lauter Eifer stolperte und zwei stattliche Exemplare zu Bruch gingen. Sein Entsetzen hielt sich aber in Grenzen.

„Das war keine Absicht!“, rief er aus, als er Mutters fragenden Blick bemerkte.

Sie war sich da nicht so sicher. Die Bruchstücke durften wir nämlich gleich naschen.

Die schönsten Sprichwort-Geschichten aus früheren Tagen

Die Sprichwort-Geschichten kombinieren kurze, einminütige Geschichten mit bekannten Sprichwörtern. In 18 kurzen Geschichten werden humorvolle Anekdoten aus früheren Tagen erzählt. Von der ersten Waschmaschine, von Jahrmarktsbesuchen und der Kartoffelernte …

Rolf-Bernhard Essig

Morgenstund hat Gold im Mund
Die schönsten Sprichwort-Geschichten
von früh bis spät

80 Seiten, gebunden, Hardcover,
mit zahlreichen Abbildungen
Format: 165 x 235 mm
ISBN 978-3-944360-31-7

Linus Paul

Eigener Herd ist Goldes wert
Die schönsten Sprichwort-Geschichten
rund um Haus und Hof

80 Seiten, gebunden, Hardcover,
mit zahlreichen Abbildungen
Format: 165 x 235 mm
ISBN 978-3-944360-32-4